BANK

IC

¥

Pi

JN015972

お金の歴史とキャッシュレス

監修/キッズ・マネー・ステーション

信用の
移り
変わり

発売：小峰書店　発行：中央経済グループパブリッシング

はじめに

　みなさんが、「オギャー！」と生まれてから小学生になるまでに、多くのできごとがあったでしょう。そして、だれもが、毎日泣いたり笑ったりいろいろな経験をしつつ、日々成長していることでしょう。

　じつは、お金も同じ。お金が誕生してから現在にいたるまで、たくさんのできごとが起こりました。途中で使われなくなったお金、一定の地域のみで使われたお金、形が変わったり材質が変わったり……さまざまなできごとをへて、お金は進化しています。

　なぜ、お金が生まれたのかな？

　なぜ、このお金は使われなくなったのかな？

　なぜ、このとき、新しいお金に変わったのかな？

　お金を使った生活が当たり前の今、この本を使って、「なぜ？」「どうして？」と、お金の歴史をひも解いてみてください。そして、「未来はどうなるのかな？」「今の自分たちはどんな選択をすればよいのかな？」と考えてみませんか。

　お金について学ぶことは、自分の人生や未来を考えることです。これからの日本をつくり、世界へ羽ばたく小学生のみなさんに、よりよい未来を心から願い、この本をおくります。

キッズ・マネー・ステーション　八木陽子・柴田千青

現在おもに使われているお金の種類

日本のお金には金属のものと紙のものがあり、金属のお金は硬貨や貨幣と呼び、紙のお金はお札や紙幣と呼びます。

〈硬貨の種類〉

 1円玉

5円玉

10円玉

50円玉

100円玉

500円玉

〈お札の種類〉

 千円札

 2千円札

 5千円札

 1万円札

この本の使い方

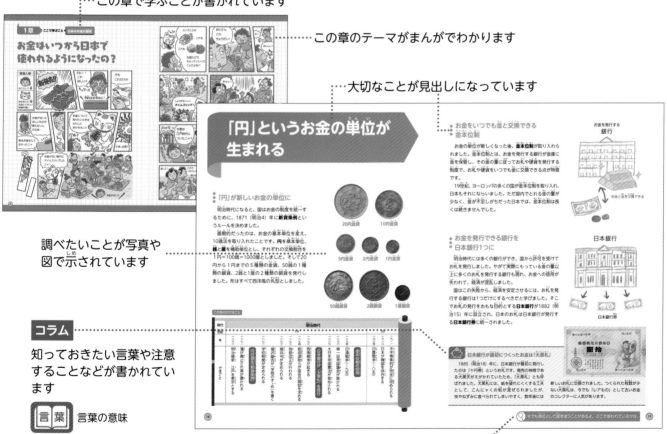

…この章で学ぶことが書かれています

…この章のテーマがまんがでわかります

…大切なことが見出しになっています

調べたいことが写真や図で示されています

コラム

知っておきたい言葉や注意することなどが書かれています

 言葉の意味

 注意すること

お金ミニ知識

発展

自分で調べたりやってみたりしてほしいことが書かれています

 身の回りで調べてみよう

 本で調べてみよう

 ヒントやアドバイス

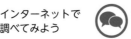 インターネットで調べてみよう

話し合ってみよう

 自分でやってみよう

もくじ

はじめに……2

現在おもに使われているお金の種類・この本の使い方……3

1章　お金はいつから日本で　使われるようになったの?……6

お金がなかった時代　自給自足から物々交換へ……8

日本ではじめてお金がつくられる……10

🐷 和同開珎より古いお金があった……11

中国から輸入したお金　渡来銭が使われる……12

金貨や銀貨が登場する……14

徳川家康が「お金の天下統一」を行う……16

🐷 金の江戸、銀の大阪……17

「円」というお金の単位が生まれる……18

🐷 日本銀行が最初につくったお金は「大黒札」……19

新しいお金の時代が始まる……20

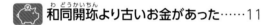

もっと知りたい!
世界のお金の歴史……22

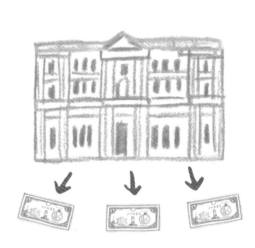

2章　現代のお金は、　どのようにつくられているの?……24

お金をつくり、世の中に送るしくみ……26

⚠ お金にいたずらしてはダメ……26

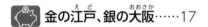

にせ札をつくらせないすぐれた技術……28

🐷 新しい500円玉が誕生……29

お札にえがかれた人たち……30

🐷 新しくお札に登場するのはどんな人？……30

1年間にどのくらいのお金がつくられる？……31

🐷 使えなくなったお金はどうなる？……31

3章 お金の進化とこれからの
お金とのつき合い方……32

進むキャッシュレス決済とその種類……34

📖 チャージとは？……35

🐷 世界のキャッシュレス事情……36

キャッシュレスのためにＩＴが使われている……38

📖 ＩＴって何？……39

キャッシュレス決済やＩＴで便利になること……40

🐷 お金をつくったり、運んだりする費用を減らせる……43

便利になったしくみを上手に利用するためには……45

さくいん……46

お金はいつから日本で使われるようになったの？

登場人物

ゆうくん 11歳（さい）

まねきさん？歳（さい）
お金にくわしい
神様の使い

新発売!!

うわー！これほしい!!
カッケー!!
予約（よやく）はお早めに！

でもこれだけか
ズルッ…

お金がないとほしいものが買えないんだなあ…

昔はお金なんてなかったニャ

え？

だれ？

お金について知りたいときはわたしにまかせるニャ

さあ、出発!!

お金がない時代にタイムスリップしたニャ！

お金がない!?

お金がなかった時代
自給自足から物々交換へ

● 自給自足の時代、
● お金は必要ない

　大昔の人々は、動物や魚をとったり、米づくりをしたりして、自分や家族、仲間の食料を手に入れていました。また衣服や家なども手づくりしました。このように、生きていくために必要なものを、自分たちの手で用意することを**自給自足**といいます。
　自給自足の時代、お金は世の中に存在しませんでした。

この時代のできごと

時代	縄文時代		弥生時代		古墳時代		
世紀	（紀元前）			3	4	5	6
年	一万年前ごろ			二三九			
できごと	狩りや採集、漁の暮らし	縄文土器や石器が使われる	大陸から米づくりが伝わる	弥生土器、金属器が使われる／小さな国がつくられる	卑弥呼が中国に使いを送る／各地に古墳がつくられる	大和朝廷の国土統一が進む／漢字などの大陸文化が伝わる	仏教が大陸から伝わる

● 物々交換により「市」が 始まった

　身のまわりのすべてのものを自給自足でまかなうのは、時間も手間もかかります。そこで、人々はやがて、自分がつくったものと他人がつくったものを交換するようになりました。ものとものを交換する**物々交換**のよいところは、自分がつくれないものも効率よく手に入れられることです。

　その便利さに気づいた人々は、ものを交換する相手を見つけやすいよう、日にちや場所を決めて１か所に集まる**市**を開くようになりました。

● お金の役割をはたす ものが登場！

　市で物々交換が行われるようになると、よその地域のものも手に入るようになり、人々の生活はより豊かになりました。しかし、物々交換では、自分のほしいものと相手のほしいものが毎回うまく合うとは限りません。そこで考えだされたのが、自分のもちものを、保存ができてほしがる人が多いものにいったんかえておき、自分がほしいものを見つけたときに交換する方法です。

　このようにいったん交換しておく、お金のような役割をするものは**物品貨幣**と呼ばれます。物品貨幣には多くの人々が必要とする米、塩、布、農具などが使われました。

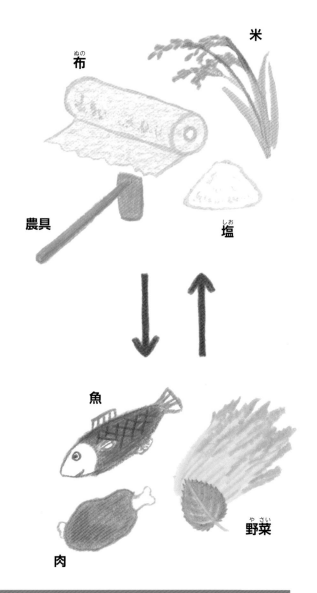

日本ではじめてお金がつくられる

● 中国にならい
● お金(貨幣)をつくる

　米や布などの物品貨幣は、市で人の手を行き来する間によごれたり、こわれたりします。物品貨幣の代わりになる、もっとじょうぶなものは何か。そう考えた人々は金属をとかして形づくった**お金(硬貨)**を使うようになりました。

　こうして生まれた初期のお金の中でも、とくに有名なのが、国内でとれた銀や銅を使ってつくられ、708(和銅元)年に発行された**和同開珎**です。この時代に、日本が国づくりの参考としていた中国のお金を手本としたため、大きさも形も中国のお金によく似ています。

和同開珎
銀銭　　銅銭

手本となった中国のお金

開元通宝
中国の唐という時代に使われたお金。四角い穴が中心にある丸形で、「円形方孔銭」と呼ばれる形です。

この時代のできごと

時代	飛鳥時代						奈良時代			平安時代	
世紀	6	7					8			9	10
年	五九三	六〇七	六三〇	六四五			七一〇	七一二	七九四	八九四	
できごと	聖徳太子が政治を行うようになる	小野妹子らを隋に送る(遣隋使)	法隆寺が建てられる／第一回の遣唐使が送られる	大化の改新／富本銭がつくられる	和同開珎がつくられる		平城京(奈良)に都がうつる	『古事記』『日本書紀』ができる／東大寺の大仏ができる	平安京(京都)に都がうつる	遣唐使をとりやめる	日本風の文化が育つ

● お金を世の中に広めるため、 給料や税をお金で払う

国は、和同開珎などのお金が世の中に広まるよう、さまざまな工夫をしました。貴族や役人たちの給料をお金で支払ったほか、ちょうどこのころ建設中だった平城京の都づくりに参加した労働者の給料もお金で支払いました。

また当時の税金である租・庸・調などを、米や布、労働だけでなく、お金で納められる制度もつくりました。

● お金は都でしか使われなかった

飛鳥時代から平安時代にかけて発行されたお金の種類は10種類以上あり、平安時代から後もさまざまな種類のお金が発行されました。しかし、お金が流通したのは都周辺の京都、奈良を中心とした地域だけで、地方には広まりませんでした。都の人々は、市でものの売り買いにお金を使い、「便利だ」「価値がある」と実感できましたが、市が少なかった地方の人々はお金を使う機会がほとんどなかったためです。

🐷 和同開珎より古いお金があった

和同開珎は長い間日本で一番古いお金だと考えられてきました。ところが近年の調査で、さらに古い時代に**富本銭**というお金があったことがわかりました。富本銭は銅をとかして形づくられたお金です。都づくりのためのお金として使われたという説や財産の象徴としてお墓にうめるための「まじない用」のお金だったという説があります。

富本銭

中国から輸入したお金 渡来銭が使われる

● お金から物品貨幣に逆もどり

飛鳥時代の富本銭以来、お金は銅をおもな原料につくられました。しかし、国内でとれる銅が減ったことから、国はお金の大きさを小さくしたり、たくさんとれる鉛を混ぜたりしたお金を発行するようになりました。するとお金の価値を信じられず使いたがらない人が増え、「お金よりも信用できる」と、再び米や布などの物品貨幣が使われるようになりました。

お金の信用がなくなりあまり使われなくなったため、国は平安時代中期を最後に、200年ほどお金を発行しなくなりました。

この時代のできごと

時代	平安時代			鎌倉時代		
世紀	10	11	12		13	14
年		一〇二六	一一六七 一一八五 一一九二	一二七四 一二八一		一三三三
できごと	お金がつくられなくなる	清少納言が『枕草子』を書く　紫式部が『源氏物語』を書く　藤原道長が摂政になる　武士の力が強まる	渡来銭が使われる　平清盛が太政大臣になる　源氏が平氏をほろぼす　源頼朝が征夷大将軍になる	元がせめてくる　元が再びせめてくる（元寇）		鎌倉幕府がほろびる

● ものの売り買いが活発になり、
● お金が必要に

　物々交換の場として始まった市は、しだいに規模が大きくなり、全国各地で開かれるようになりました。ものの売り買いが活発になると、人々は「物品貨幣で支払うより、お金を使うほうが便利だ」と改めて感じるようになってきました。

● 中国から輸入された貨幣、
● 渡来銭

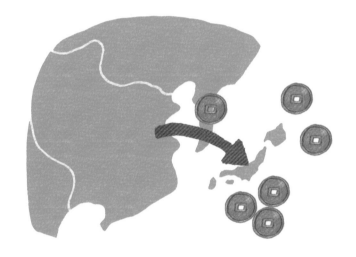

　ものの売り買いを活発にするためにお金が必要なことは、国もわかっていました。ただお金づくりをやめてから長い時間がたち、技術がとだえていたため、簡単にはお金をつくれませんでした。そこで平安時代末期から鎌倉時代初期にかけて、交流のあった中国へ金銀や木材などを輸出し、陶磁器や書籍などとともにお金を輸入するようになりました。

　これは**渡来銭**と呼ばれ、市での商売や土地の売買などにも広く使われました。

日本でよく使われた中国のお金

　平安時代から鎌倉時代の遺跡からは、中国の北宋の時代につくられたお金が数多く発見されています。右の2つのお金は、その中の代表的なものです。

皇宋通宝　　　元豊通宝

金貨や銀貨が登場する

中国のお金「永楽通宝」が広まる

　室町時代になっても、国はお金づくりを行わず、中国からお金を輸入しました。それが**永楽通宝**です。永楽通宝は大きさも重さも一定で、質がよかったため、商人たちに信頼され、全国各地で使われるようになりました。

質の悪いびた銭が出まわる

　中国との貿易量が減り、輸入される永楽通宝が減ると、日本ではお金不足が深刻になりました。これを解消するため、永楽通宝をまねた**びた銭**というお金が、国ではなく人々によってつくられました。個人がお金をつくることは今では犯罪ですが、びた銭はにせ金とはみなされず、お金として世の中に流通していました。しかし、表面の文字がすり減ったり、小さかったりして、永楽通宝と比べると見た目がよくありませんでした。

永楽通宝
中国の明という時代につくられました。

この時代のできごと

時代	〔南北朝時代〕	室町時代	〔戦国時代〕		安土桃山時代		
世紀	14	15			16		
年	一三三八	一四六七	一五四三	一五四九	一五七三	一五九〇	一六〇〇
できごと	足利尊氏が征夷大将軍になる	足利義満が金閣を建てる／**永楽通宝が使われる**／応仁の乱が起こる（〜七七）／足利義政が銀閣を建てる	ポルトガル人によって鉄砲が伝わる	ザビエルによってキリスト教が伝わる	**武田氏が甲州金をつくる**／織田信長が室町幕府をほろぼす／**豊臣秀吉が天正大判をつくる**	豊臣秀吉が全国を統一する	豊臣秀吉が朝鮮にせめこむ／関ヶ原の戦い

14

● お金への信用がなくなり
● 撰銭が行われる

　びた銭は金属のふくまれる量で価値が変わってしまうため、あまり信用されず、広く使われませんでした。また、商人の間では、品質のよい永楽通宝だけを選んで使う**撰銭**が行われるようになりました。撰銭を許せば、ものの売り買いがうまく行われなくなってしまいます。そこで国は撰銭を禁止する**撰銭令**というおふれを出しました。

これはダメ！

● 鉱山の発達で金貨や
● 銀貨が登場

　室町幕府がおとろえて戦国の世になると、各地の有力大名は軍資金を手に入れるため、鉱山開発を行い、とれた金や銀で独自の金貨や銀貨をつくりました。甲斐（今の山梨県）の武田信玄（1521〜1573年）がつくった甲州金もその1つです。

　やがて天下統一を果たした豊臣秀吉（1537〜1598年）は、佐渡（新潟県）、石見大森（島根県）、但馬生野（兵庫県）などの大きな鉱山を支配し、**天正大判**をつくりました。天正大判は重さ約165gの大きな金貨で、品質を保証する印もありましたが、高価すぎてほとんど流通しませんでした。人々はこの時代も、古くて統一されていないお金を使い続けました。

甲州金

1588(天正16)年に豊臣秀吉がつくらせた大判で、1枚が10両として通用しました。当時は武家どうしのおくりものとして使われていました。

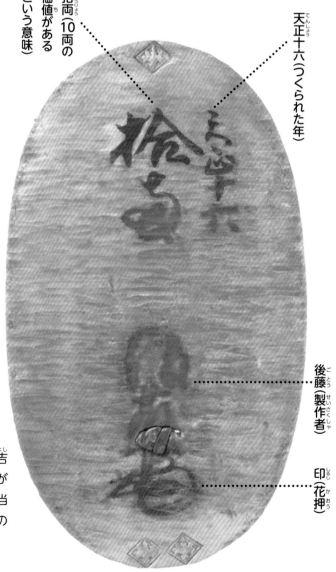

拾両（10両の価値があるという意味）

天正十六（つくられた年）

後藤（製作者）

印（花押）

天正大判の1つ天正菱大判 ※原寸大

徳川家康が「お金の天下統一」を行う

● 全国で同じお金を使う
● しくみが完成

豊臣家をほろぼし、江戸幕府を開いた徳川家康（1542～1616年）はお金の制度を整えました。まず全国の鉱山を、幕府が直接支配しました。そして金貨をつくる**金座**や銀貨をつくる**銀座**を江戸（東京都）、京都、駿府（静岡県）、佐渡などに設置し、大きさ、重さ、ふくまれる金銀の割合をそろえた金貨と銀貨をつくりました。

さらに3代将軍・徳川家光（1604～1651年）は、寛永通宝という銅貨を発行し、中世から使われていた古い銅貨を廃止しました。こうして金貨、銀貨、銅貨の3種類からなる**三貨制度**ができ、全国で統一されたお金を使うしくみが整えられました。

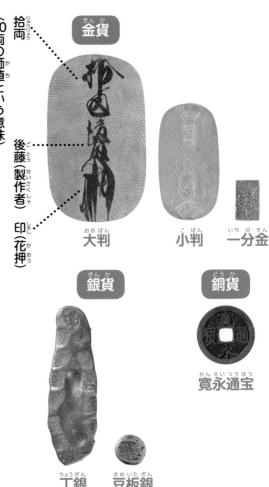

金貨
拾両（10両の価値という意味）
後藤（製作者）
印（花押）
大判　小判　一分金

銀貨
丁銀　豆板銀

銅貨
寛永通宝

この時代のできごと

時代	江戸時代											
世紀	17						18		19			
年	一六〇三	一六三五		一六三七	一六四一		一七七四	一七九一	一八二一	一八五三	一八五四	一八五八	一八六七
できごと	徳川家康が江戸幕府を開く	参勤交代の制度が定められる	寛永通宝が発行される	金貨・銀貨・銅貨の三貨制度成立／島原・天草一揆が起きる	鎖国が完成する	藩札が発行される	町人文化が栄える	杉田玄白らが『解体新書』を出版	本居宣長が『古事記伝』を書く	伊能忠敬らの日本地図が完成する	一揆や打ちこわしが多くなる／ペリーが浦賀に来る	日米和親条約を結ぶ	五か国と修好通商条約を結ぶ	徳川慶喜が政権を明治天皇に返す

両替商が銀行の役割も果たす

江戸時代、金貨と銅貨の交換割合はよく変わったため、ものを売り買いするときの計算が大変でした。そこで発達したのが**両替商**です。

もともと両替商は、金貨、銀貨、銅貨の交換だけを行う商人でしたが、しだいに「お金を預かる」「貸し付ける」「遠くはなれた土地に送る」といった、今の銀行のような仕事を行い、経済を支えるようになりました。

藩の中だけで通用する藩札を発行

金銀銅の硬貨は、江戸や大阪では多く流通しました。しかし、地方にまで十分に行きわたるには、量が足りませんでした。そこで全国の多くの藩が、幕府の許可を受け、その藩の中だけで通用する**藩札**というお札を発行しました。どの藩も、「藩札は金、銀、銅の硬貨と同じ価値がある」と説明していましたが、実際はちがいました。財政が苦しい藩の中には、支払いのために藩札を多くつくり、お金としての価値を下げてしまうところもありました。そのため、領民が藩札の受け取りを断ることも起きました。藩札による混乱が一揆の原因となったということもあります。

金の江戸、銀の大阪

金銀銅の硬貨は、「使われる場所」や「売り買いするものの値段」によって使い分けられました。金貨は江戸を中心とする東日本で、銀貨は大阪を中心とする西日本や北陸で、それぞれ高いものの売り買いに使われ、銅は全国で、食料や日用品などの安いものの売り買いに使われました。金貨と銅貨は1枚あたりの価値が一定で、両や分、文や貫という単位で数えられ、銀貨は使うたびに重さを量って使うしくみで、匁という単位が使われていました。

| 金貨小判1枚（1両） | ＝ | 一分金4枚（4分） | ＝ | 銀貨50匁（187.5g） | ＝ | 銅貨4000枚（4000文） |

※江戸時代初期の交換割合

「円」というお金の単位が生まれる

「円」が新しいお金の単位に

　明治時代になると、国はお金の制度を統一するために、1871（明治4）年に**新貨条例**というルールを決めました。

　画期的だったのは、お金の基本単位を変え、10進法を取り入れたことです。**円**を基本単位、**銭**と**厘**を補助単位とし、それぞれの交換割合を1円＝100銭＝1000厘としました。そして20円から1円までの5種類の金貨、50銭の1種類の銀貨、2銭と1厘の2種類の銅貨を発行しました。形はすべて西洋風の丸型としました。

20円金貨

10円金貨

5円金貨

2円金貨

1円金貨

50銭銀貨

2銭銅貨

1厘銅貨

この時代のできごと

時代	明治時代												
世紀	19											20	
年	一八六八	一八七一		一八七二	一八七三	一八七三	一八七四	一八七七	一八八九	一八九〇	一八九四	一九〇四	一九一〇	一九一一
できごと	明治維新　江戸を東京とする	藩が廃止され県が置かれる	円の誕生「新貨条例」	学校制度が定められる	福沢諭吉が『学問のすゝめ』を書く	徴兵令が定められる	地租改正が行われる	板垣退助らが国会の開設を求める	西南戦争が起きる	大日本帝国憲法が発布される	第一回帝国議会が開かれる	日本銀行が「大黒札」を発行	日清戦争（〜九五）金本位制の採用	日露戦争（〜〇五）	日本が韓国を併合する	不平等条約が完全に改められる

● お金をいつでも金と交換できる
● 金本位制

　お金の単位が新しくなった後、**金本位制**が取り入れられました。金本位制とは、お金を発行する銀行が金庫に金を保管し、その金の量に従ってお札や硬貨を発行する制度で、お札や硬貨をいつでも金に交換できる点が特徴です。

　19世紀、ヨーロッパの多くの国が金本位制を取り入れ、日本もそれにならいました。ただ国内でとれる金の量が少なく、金が不足しがちだった日本では、金本位制は長くは続きませんでした。

お金を発行する
銀行

お金と金を交換できる

● お金を発行できる銀行を
● 日本銀行1つに

　明治時代には多くの銀行ができ、国から許可を受けてお札を発行しました。やがて実際にもっている金の量以上に多くのお札を発行する銀行も現れ、お金への信用が失われて、経済が混乱しました。

　国はこの失敗から、経済を安定させるには、お札を発行する銀行は1つだけにするべきだと学びました。そこでお札の発行をおもな目的とする**日本銀行**が1882（明治15）年に設立され、日本のお札は日本銀行が発行する**日本銀行券**に統一されました。

日本銀行

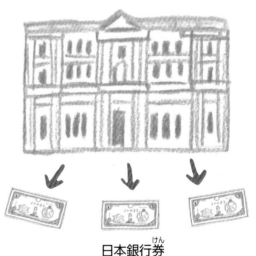

日本銀行券

 日本銀行が最初につくったお金は「大黒札」

　1885（明治18）年に、日本銀行が最初に発行したのは「十円券」というお札です。商売の神様である大黒天がえがかれていたため、「大黒札」とも呼ばれました。大黒札には、紙を破れにくくする工夫として、こんにゃくの粉が混ぜられましたが、虫やねずみに食べられてしまいやすく、数年後には新しいお札に交換されました。つくられた枚数が少ない大黒札は、今でも「レアもの」として古いお金のコレクターに人気があります。

新しいお金の時代が始まる

● 流通する量に合わせてお金をつくる管理通貨制度

経済が発達し、売り買いされるものの量が増えると、金本位制に基づいて発行するお金だけでは量が足りなくなりました。そこで登場したのが**管理通貨制度**です。

管理通貨制度の特徴は、金の量に関係なく、実際に流通している量に合わせ、その国のお金を発行する銀行がお金をどれだけつくるかを決められることです。日本は1931（昭和6）年に金本位制をやめ、管理通貨制度にかえました。

金本位制の時代のお札には、同じ価値の金貨と交換できると書かれています。

1943（昭和18）年につくられたお札には、金に交換できるという文面がなくなりました。

この時代のできごと

時代	大正時代				昭和時代									
世紀					20									
年	一九一四	一九二〇	一九二三	一九二五	一九三一	一九三三	一九三七	一九三九	一九四一	一九四五	一九四六	一九五一	一九五六	一九六四
できごと	第一次世界大戦（〜一八）	国際連盟に加盟する	関東大震災が起こる	男子普通選挙の制度が定められる	満州事変が起こる／管理通貨制度に移行	国際連盟を脱退する	日中戦争（〜四五）	第二次世界大戦（〜四五）	太平洋戦争（〜四五）	広島・長崎に原爆が落とされる／ポツダム宣言を受け入れる	日本国憲法が公布される／千円札が流通する	サンフランシスコ平和条約を結ぶ	国際連合に加盟する	オリンピック パラリンピック 東京大会が開かれる

● インフレーションをおさえるため
● 古いお札を「新円」に切りかえ

第二次世界大戦直後の日本ではもの不足が起き、ものの値段が急激に上がる**インフレーション（インフレ）**が発生しました。値上がりがあまりに激しく、現金をたくさんもっていないと食べものすら買えなかったため、銀行から預金を引き出す人が増え、さらに経済が混乱しました。そこで国が行ったのが、**新円切りかえ**という政策です。

国は国民に「新しいお札を発行します。手元の古いお札は使えなくなるので、一度銀行に預けなさい」と指示し、多くのお金を集めました。そしてそのお札を新しいお札に交換したり、国民が引き出せるお金の額を低く制限したりして、世の中に出回るお金の量を減らそうとしました。

それでもインフレーションはおさまらなかったため、満足に食べものも買えず、空襲で焼けた家も建て直せないなど、多くの人が苦しい生活を強いられました。

古いお札は使えなくなるから銀行に預けなきゃ

新しいお札

新しいお札で引き出せる金額には制限があるのね

● 千円札が流通

インフレーションは、新円切りかえ後もおさまりませんでした。この当時、世の中に出回るもっとも高額なお札は「百円札」でしたが、お米（10kg）が990円など、買いものに何枚もの百円札をもっていかなければならなくなり、不便でした。そこで1950（昭和25）年に「千円札」がつくられ、これが一番高額のお札として流通しました。表面には聖徳太子、裏面には国宝の法隆寺夢殿がえがかれました。

※米の値段は、総務省「主要品目の東京都区部小売価格」（1950年）

（表）

1950年につくられた千円札。

（裏）

2千円札や5千円札、1万円札がはじめてつくられたのはいつだろう。

世界のお金の歴史

貝や塩がお金の代わりに使われた

　住む場所や人がちがえば、「ほしい」と思うものも変わります。物品貨幣も国によりさまざまでした。中国では、紀元前16世紀から紀元前8世紀にかけて、キラキラかがやく子安貝（たから貝）というめずらしい貝がらがお金の代わりに使われました。「買」や「貯」などのお金に関する漢字に、「貝」がつくことが多いのはそのためです。

　また紀元前8世紀ごろにおこった古代ローマ帝国では、給料に塩が使われました。塩を表す当時の言葉は「サラリウム」。この言葉は、給料を表す「サラリー」という英語の元となっています。

子安貝

こんな貝のお金も！

ミクロネシアのヤップ島で昔から使われていた貝のお金「貝貨」です。白蝶貝、黒蝶貝を使ってつくられていました。

世界で一番古い硬貨は今のトルコで発見された

　今のお金に近い形のものとして、現在（2021年）発見されている中で一番古いものは、紀元前7世紀、現在のトルコ西部にあったリディア王国でつくられた**エレクトロン貨**です。

　エレクトロン貨がつくられる前は、硬貨の重さはバラバラで、使うたびに天秤で重さを量っていました。ところが、エレクトロン貨は、それぞれの硬貨の重さが統一され、価値がひと目でわかり、とても便利でした。

　この硬貨づくりのアイデアは、やがて古代ギリシャや古代ローマなどに広がり、さまざまな国や地域の経済の発展を支えました。

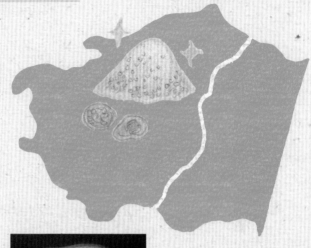

リディア王国で金と銀を混ぜてつくられたエレクトロン貨。リディア王の紋章であるライオンが刻まれています。

紙すきと印刷の技術がお札を生んだ

　お札をつくるには、紙をすく（うすい紙をつくる）技術と文字や絵を印刷する技術が必要です。どちらの技術も発明されたのは中国で、世界初の本格的なお札も中国で生まれました。それが、10〜12世紀の北宋の時代につくられた**交子**というお札です。

　交子が生まれたのは、現在の四川省（中国中部）です。ここは、古くから商業がさかんで、お金がよく使われる場所でしたが、硬貨の原料の銅がとれず、人々は鉄製の硬貨を使っていました。ところが鉄は重くてさびやすく、硬貨には向きません。そこで商人たちが、軽くてもち運びの楽なお札である交子を考え出したのです。

　交子のようなお札は便利なので世の中に広まり、やがて国が発行するようになりました。

14世紀に中国（明の時代）でつくられたお札「大明通行宝鈔」。縦約34cm、横約22cmもある世界最大のお札です。

現代のお金は、どのようにつくられているの？

ピカピカだ！

これは新しいのかな？
これはふつうだな

何してるニャ？

ギャッ！！

びっくりさせないでよー

きれいな
お金が
ほかにもないか
探してたんだ

これは
きれいじゃない

昭和40年に
つくられたん
ニャ

古いから
よごれてる
のかなあ

もっている
お金は
これだけ…

そうだ！
お札も
見てみよう

お母さ～ん！

やれやれ

バターン

千円札？

きれいな
お札を
探してるんだ

どうして
千円札が
いるの？

お金をつくり、世の中に送るしくみ

日本ではお札と硬貨は、それぞれ発行するところも、つくるところもちがいます。どこでつくられて、どのように私たちに届くのか見てみましょう。

● お金がつくられて流通するしくみ

お札は、**国立印刷局**が印刷して、日本銀行におさめ、日本銀行が発行します。硬貨は、**造幣局**がつくって、**政府**が発行し、日本銀行におさめます。日本銀行は、できあがったお札と硬貨を全国の銀行に送ります。そして、引き出しや借り入れによって、お金は各地の銀行から個人や会社にわたり、世の中にめぐっていきます。

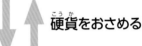

政府
硬貨を発行
硬貨をおさめる

硬貨を注文
硬貨をおさめる

造幣局

造幣局は政府から注文を受け、硬貨をつくります。銅やニッケルなどの金属をとかし、硬貨の厚みになるよう引き延ばし、丸い形にぬいて、表と裏に模様をつけます。こうした硬貨づくりの技術をいかし、勲章やメダルもつくっています。

⚠ お金にいたずらしてはダメ

お札をコピーしたり、お札の画像を加工してインターネットに投稿したりしたらおもしろいと思う人もいるかもしれません。でも絶対にしてはダメ！家のプリンターでコピーするだけでも罰せられることがあります。外国のお札も同じです。また、硬貨を傷つけたり加工したりするのは犯罪で、重い罰を受けることがあります。にせ札やにせ硬貨と気づいているのに使ったり、人にあげたりするのも犯罪です。

もし、にせ札やにせ硬貨に気づいたら、大人に相談して警察に通報するようにしましょう。

国立印刷局

国立印刷局は、日本銀行の注文を受け、紙づくり、印刷、断裁を行って、お札を完成させます。お札のデザインが変わるときは、原図づくりや原版づくりも担当します。お札のほか、郵便切手やパスポートの印刷も行っています。

← お札をおさめる　　お札を注文 →

日本銀行は、日本でただ1つの、お札を発行する銀行です。これから景気がよくなるのか、悪くなるのか、円が世界でどのくらい信用されているかなどを考えながら、必要となるお札の量を判断して、財務大臣の承認を受けて、国立印刷局に注文します。完成したお札と硬貨を全国の銀行に受けわたす役目も果たします。

日本銀行
お札を発行

借り入れ・引き出し（新しいお金がわたる）　　預金（古いお金をもどす）

| 個人 | 借り入れ・引き出し ← → 預金 | 銀行 | 預金 借り入れ・引き出し ← → | 会社 |

  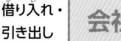

会社からふりこまれた給料を銀行口座から引き出すなどして、日用品や食料を買います。お金を預けたり、家や自動車などの高い買いものをするときにお金を借りたりすることもあります。

たとえば、工場や支店を新たにつくるとき、会社は銀行からお金を借ります。また事業によって得た利益を預金したり、銀行を通して従業員に給料を支払ったりします。

💻 日本銀行がほかにどんな仕事をしているか調べてみよう。

にせ札をつくらせない すぐれた技術

日本は世界的に、にせ札が出回ることが少ない国です。日本のお札には高度な印刷の技術が使われていて、偽造（にせものづくり）がとても難しいためです。お札の偽造防止技術にはどんなものがあるか見てみましょう。

＼ 偽造はさせない！　日本のお札の10の技術 ／

❶すかし
紙の厚さを一部、うすくしてあります。光を当てると、肖像画の人物がうかび上がります。

❷深凹版印刷
表面に盛り上がるように印刷されています。

❸パールインキ
お札をかたむけると、左右の余白部分に、うすいピンクのキラキラした模様がうかび上がります。

❹ホログラム
お札のかたむき加減により、「桜」「日本銀行の日の文字を図案化したマーク」「額面数字」の3種類の模様がうかび上がり、色も変化して見えます。

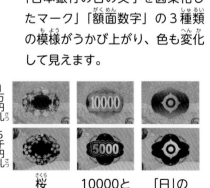

1万円札			
5千円札			
桜	10000と5000	「日」のマーク	

❺特殊発光インキ
紫外線を当てると、印章（はんこの模様）がオレンジ色に、地模様の一部が黄緑色に光ります。

❻潜像模様
お札をかたむけると、表面の左下に「10000」の数字、裏面の右上には「NIPPON」の文字がうかび上がります。

※2021年1月現在発行されているお札で解説しています。

新しい500円玉が誕生

偽造防止の技術をさらに集めた新しい500円玉が発行されます。新しいものは、材料にニッケル黄銅のほか白銅と銅を使って2色3層構造になります。側面に入っているななめのギザギザの一部分にちがう形のギザギザを入れ、内側には小さな文字を加えています。こうした技の積み重ねで偽造を防ぐことで、日本の硬貨は高い信用を保っているのです。

JAPAN

500YEN

これまでのもの

↓

変更後

---

❼マイクロ文字

虫めがねを使わないと見えないほど小さな文字で「NIPPON GINKO」と書かれています。

1万円札　　千円札

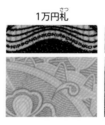
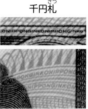

❽超細密画線

ふつうの印刷やカラーコピーでは表現できないよう、お札の柄はとても細かくえがかれています。

❾すき入れバーパターン

光にすかすと、縦の棒が見えます。❶のすかしよりもさらにまねがしにくい技術です。お札によって棒の数がちがいます。

1万円札は3本　　5千円札は2本　　千円札は1本

AA 000000 A

千円札だけの技術

●潜像パール模様

お札をかたむけるとパール印刷で「千円」の文字が、潜像模様で「1000」の数字がうかび上がります。

↓　　　↓

千円　　　1000

1万円札　　5千円札　　千円札

❿識別マーク

目の不自由な人がどのお札かすぐわかるよう、指でさわるとザラザラするマークが印刷されています。

2024年に出る新しいお札には、どんな技術が使われているのかな。

お札にえがかれた人たち

お札には肖像（人の顔や姿）がえがかれています。にせ札を防ぐ、親しみやすくする、どのお札か区別しやすくするといった目的があります。お札にえがかれるのは、さまざまな分野の発展に力をつくした人物。「きちんとした写真や肖像画が残っているか」もポイントです。

聖徳太子(574〜622年)

飛鳥時代、十七条の憲法を制定し、日本の基礎をつくりました。1930年発行の百円札から1958年発行の1万円札まで7回にわたって、えがかれています。

二宮尊徳(1787〜1856年)

江戸時代後期の思想家で、数多くの村を復興させました。二宮金次郎とも呼ばれています。1946年、戦後すぐにつくられたお札に登場しました。

岩倉具視(1825〜1883年)

江戸幕府をたおし、明治政府で活躍した政治家。欧米をめぐり、日本の近代化に努めました。1951年発行と1969年発行の5百円札にえがかれています。

伊藤博文(1841〜1909年)

明治時代の政治家で、日本で最初の内閣総理大臣です。大日本帝国憲法の制定にも力を注ぎました。1963年発行の千円札にえがかれています。

福沢諭吉(1835〜1901年)

明治時代初めに、学問の大切さを説明した『学問のすゝめ』を出版しました。1984年発行と2021年現在も使われている2004年発行の1万円札に登場しています。

夏目漱石(1867〜1916年)

明治時代から大正時代の小説家。『吾輩は猫である』『坊っちゃん』などの名作を残しました。1984年発行の千円札にえがかれています。

樋口一葉(1872〜1896年)

明治時代の小説家。24歳でなくなるまでに、『たけくらべ』『にごりえ』などの名作を残しました。2021年現在も使われている2004年発行の5千円札に登場しています。

野口英世(1876〜1928年)

明治時代から昭和時代の細菌学者。感染症の研究で医学を発展させました。2021年現在も使われている2004年発行の千円札に登場しています。

 新しくお札に登場するのはどんな人?

2024年にお札のデザインが変わり、肖像は1万円札が福沢諭吉から渋沢栄一に、5千円札は樋口一葉から津田梅子に、千円札は野口英世から北里柴三郎になります。

渋沢栄一は多くの銀行、鉄道や紡績会社などをつくった実業家。津田梅子は6歳でアメリカにわたり、帰国後、女性教育のリーダーとなった人です。また、北里柴三郎は今も伝染病の治療や予防に使われる血清療法を発明した細菌学者です。

渋沢栄一 (1840〜1931年)

津田梅子 (1864〜1929年)

北里柴三郎 (1853〜1931年)

 ほかにもお札にえがかれた人がいるよ。どんなことをした人かな。

1年間にどのくらいの お金がつくられる？

1年間につくられるお金はすべてあわせると何十億枚にもなります。2004年度と2019年度につくられたお金の数を比べてみましょう。種類によって多くなったり、少なくなったりしています。お金をつくる枚数は、政府や日本銀行がどのくらい必要かを考えて、毎年変えているのです。

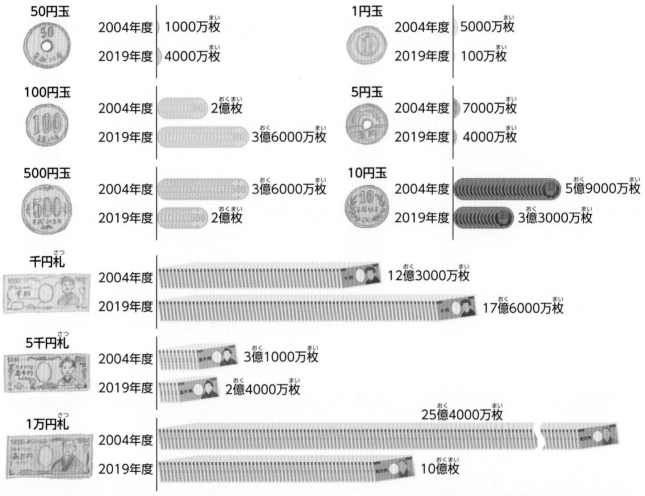

	50円玉				1円玉	
	2004年度	1000万枚			2004年度	5000万枚
	2019年度	4000万枚			2019年度	100万枚

	100円玉				5円玉	
	2004年度	2億枚			2004年度	7000万枚
	2019年度	3億6000万枚			2019年度	4000万枚

	500円玉				10円玉	
	2004年度	3億6000万枚			2004年度	5億9000万枚
	2019年度	2億枚			2019年度	3億3000万枚

	千円札	
	2004年度	12億3000万枚
	2019年度	17億6000万枚

	5千円札	
	2004年度	3億1000万枚
	2019年度	2億4000万枚

	1万円札	
	2004年度	25億4000万枚
	2019年度	10億枚

※2019年度の1円玉以外は100万の位で四捨五入しています

造幣局「年銘別貨幣製造枚数」・日本銀行「銀行券発注高の推移」

 使えなくなったお金はどうなる？

お札は日本中の銀行から日本銀行に定期的に送られ、よごれや破れがないか機械でチェックします。きれいなものは、また世の中に出回りますが、古くて使えないお金は裁断され、燃やされたり、トイレットペーパーにリサイクルされたりします。お札の寿命の目安は、1万円札は4〜5年、使われる回数がより多い5千円札や千円札は1〜2年程度といわれています。

今、世の中に流通している日本のお札は何枚くらいあるだろう。

ここで学ぶこと

キャッシュレス決済　プリペイドカード
デビットカード　クレジットカード

お金の進化とこれからの お金とのつき合い方

進むキャッシュレス決済とその種類

　キャッシュは「現金」、レスは「なし」、決済は「支払い」という意味。つまり**キャッシュレス決済**とは、お札や硬貨などの現金を使わずに支払いをすることです。キャッシュレス決済には、支払いのタイミングにより、「前払い」「即時払い」「後払い」の3種類があります。

前払いタイプ

使い捨ての「プリペイドカード」

　プリペイドカードとは1000円ぶん、3000円ぶんなど、あるサービスに対して、使えるお金の額があらかじめ決められているカードです。カードには、使える金額が書かれています。使い終わったらもう使えない「使い捨て」ですが、金額が決まっているので使いすぎる心配がありません。

図書カードNEXT

書店などで売られている、本が買えるカードです。

ギフトカード

〈お店で使うカード〉

デパートや加盟しているお店で買いものができます。クオカードやデパートの商品券などがあります。

〈インターネットで使うカード〉

スマートフォンやタブレット、パソコン、ゲーム機などで、ゲームや音楽などを買うことができます。たとえば、ニンテンドープリペイドカードなどがあります。

何度もチャージして使える「電子マネー」

電子マネーとは、「電子データ化されたお金」という意味です。専用のカードやスマホアプリにお金をチャージ（入金）することで、ものを買えるようになり、何度でもチャージ（入金）できます。

電子マネーにはたくさんの種類があります。JR東日本の「Suica」や「PASMO」のように鉄道やバスなどの会社が発行するカードや、「nanaco」や「楽天Edy」のように大きなスーパーや通販会社が発行するカードがあります。これらのカードは、鉄道やバスに乗るときや、加盟店で買いものするときに利用できます。

交通系カード

関東ではSuicaやPASMO、中部ではmanaca、関西ではICOCA、九州ではnimocaなど。

流通系カード

nanacoや楽天Edy、WAONなど。

電子マネーのしくみ

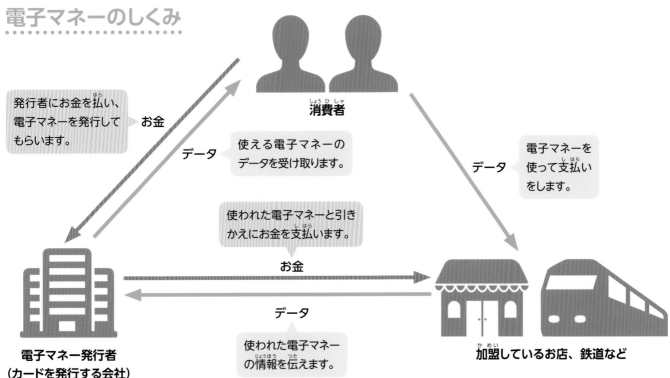

発行者にお金を払い、電子マネーを発行してもらいます。

お金

データ

使える電子マネーのデータを受け取ります。

消費者

データ

電子マネーを使って支払いをします。

使われた電子マネーと引きかえにお金を支払います。

お金

データ

使われた電子マネーの情報を伝えます。

電子マネー発行者
（カードを発行する会社）

加盟しているお店、鉄道など

言葉 チャージとは？

チャージとは、電子マネー専用のカードやスマートフォンにお金を入れて、サービスを受けられるようにすることです。チャージには、加盟店のレジやATM（現金自動預け払い機）、専用のチャージ用機械などで現金を入金する方法と、銀行の口座やクレジットカードから入金する方法があります。

お店のレジには、使うことができる電子マネーが書いてあるよ。

即時払いタイプ

デビットカード

デビットカードは、銀行の口座とつながった支払い専用のカードです。買いものをした瞬間に、銀行口座から代金が支払われるしくみになっています。口座に残っている金額以上の代金は支払えないため、クレジットカードのように使いすぎてあとで支払えなくなる心配はありません。また、電子マネーのようにチャージするめんどうもありません。発行する会社によってちがいますが、多くのデビットカードは15歳以上の人がもつことができます。

デビットカードのしくみ

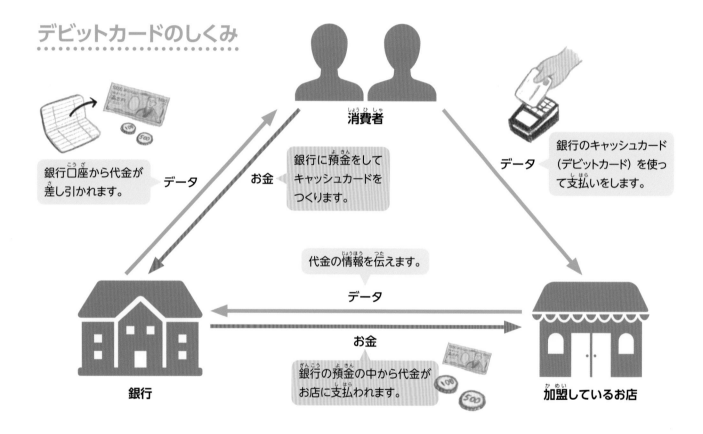

世界のキャッシュレス事情

オリンピックをきっかけにキャッシュレス決済が進んだイギリス

店や公共交通機関での支払いはもちろん、路上ミュージシャンへの投げ銭までもキャッシュレス決済という国がイギリスです。きっかけは2012年のロンドンオリンピック。会場内でも、電車やバスでも、クレジットカードやデビットカード、電子マネーカードなどを端末にかざすだけで支払いができるシステムが取り入れられ、キャッシュレス決済が一気に身近になりました。

クレジットカード

クレジットカードは、ものを買うとき、代金を後払いできるカードです。支払った日の翌月か翌々月に、銀行口座から代金が引き落とされます。クレジットとは「信用」という意味です。クレジットカード会社の審査を受け、「きちんと支払ってくれそうだ」と信用された18歳以上の人だけがもつことができます。手元にお金がなくても買いものができるのはよい点ですが、使いすぎてあとで支払えなくなる心配があります。

クレジットカードのしくみ

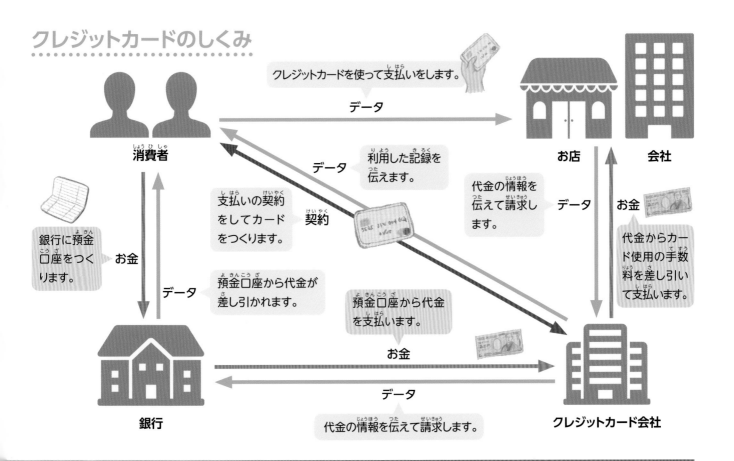

クレジットカードを使って支払いをします。

データ

データ　利用した記録を伝えます。

支払いの契約をしてカードをつくります。　契約

代金の情報を伝えて請求します。　データ

お金

代金からカード使用の手数料を差し引いて支払います。

消費者

銀行に預金口座をつくります。　お金

データ　預金口座から代金が差し引かれます。

預金口座から代金を支払います。

お金

データ　代金の情報を伝えて請求します。

お店　会社

銀行

クレジットカード会社

高額のお札がない中国ではデビットカードが人気

　世界でもっともキャッシュレス決済が進んでいる国が中国です。理由の1つが、中国には日本の1万円札のような高額のお札がないこと。100元（2020年12月現在の日本円で約1600円）が一番高い金額のお札のため、たくさんのお札をもち歩かないといけない現金での買いものはめんどうなのです。

　もう1つの理由は、にせ札が多いことです。現金で買いものをして、お金を受け取るときは「これは本物かな？」といつも確認しないといけません。それなら、現金払いよりデビットカードなどキャッシュレス決済のほうが安心だというわけです。

クレジットカードは、審査によって使える額が決められているよ。

キャッシュレスのために ITが使われている

　キャッシュレス決済が進んだのは、銀行口座などの情報を端末で読み取れる高度なITのおかげです。さまざまなITがキャッシュレス決済を支えているのです。ITのどんな技術がキャッシュレス決済を支えているのか、考えてみましょう。

磁気テープ

　磁気テープとは、磁石でつくられた、情報を記録する黒いテープのことです。磁気テープを裏面にはったカードを**磁気カード**といいます。磁気テープは銀行のキャッシュカードやクレジットカードなどに長く使われてきました。端末にカードを差しこむと、銀行口座などの情報を読み取るしくみです。

ICチップ

　ICチップは、大きさがわずか数mmのプラスチック製の情報回路です。磁気テープの何十倍もの情報を記憶できて、情報を他人にぬすまれにくい暗号に変えることもできます。ICチップはキャッシュカードやクレジットカードのほか、交通系の電子マネーカードにもついていて、「いつどこから乗り、降りたか」「いくら残金があるか」などの情報も記録できます。

スマートフォン

スマートフォンを使ってキャッシュレス決済する方法もあります。1つは決済用アプリに電子マネー、クレジットカード、デビットカードなどの情報を登録して支払う方法、もう1つが携帯電話料金とまとめて支払う方法です。

生体認証・マイクロチップ決済

生体認証とは、指紋など一人ひとりちがう形をしている体の部位をITで確認し、個人を見分ける技術のことです。

外国では、銀行口座の情報などを記録した小さなチップを手の皮膚の下にうめて、端末にかざして支払う**マイクロチップ決済**のサービスが始まっています。手を近づけるだけで決済できるため、支払いのときにカードもスマートフォンも必要がなくなります。

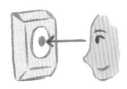

虹彩認証
目を近づけて目の中の虹彩という部分で確認します。

静脈認証
手のひらを近づけて静脈の形を読み取って確認します。

指紋認証
指でさわることで指紋を読み取って確認します。

QRコード / バーコード

QRコードは白と黒の点や線、**バーコード**は縦じまの太さなどで文字や数字などの情報を表す技術です。

お店の支払いで利用される場合、お店はQRコードやバーコードをプリントアウトするなどして、レジのそばに置くだけでよく、情報を読み取る端末はいりません。買う人はスマートフォンをコードにかざし、専用のアプリで読み取るだけで支払いができます。屋台などの小さな店でも取り入れやすいため、今後、キャッシュレス決済の中心となる可能性があります。

言葉 ITって何?

ITとは英語のInformation Technology（日本語では「情報技術」）を短くした言葉です。お金を引き出すATM（現金自動預け払い機）や、インターネットを利用してお金を送るインターネットバンキング、インターネット上でお金の代わりに使える仮想通貨（暗号資産）などは、ITが生み出した新しいサービスです。今後もITを活用した新しいサービスが生まれていくでしょう。

バーコードやQRコードのしくみを調べてみよう。

キャッシュレス決済やITで便利になること

　キャッシュレス決済のいいところは、現金を使うときの「めんどう」や「むだ」が減ることです。キャッシュレス決済が生活をどう便利にしてくれるのか、見てみましょう。

買いものをするとき便利

現金をもち歩かないので
財布がなくてもよい

　ものを現金で買う場合は、お金をもち歩かないといけません。でもキャッシュレス決済ならわざわざ財布をもたなくてもだいじょうぶなので、荷物が減って楽です。

おつりのまちがいがなくなる

　人と人が行う現金のやりとりだと「おつりが少ないのに気づかなかった」という失敗もあります。機械が行うキャッシュレス決済なら、いつでもちょうどの金額を支払うことができるので、おつりが発生しません。

 VS.

支払いにかかる時間が減り、時間を節約できる

　財布の小銭をさぐってお店の人にわたし、おつりを受け取って財布にしまうのはめんどうで時間もかかります。キャッシュレス決済なら、カードやスマートフォンを端末にタッチしたり、かざしたりするだけ。一人ひとりの支払い時間が減り、レジ待ちの時間も短くなって効率的です。

VS.

ポイントをためやすくなる

　「100円につき1ポイント」など、支払いをするたびにポイントがつき、そのポイントが別の買いものに使えるサービスがあります。キャッシュレス決済だと、ポイントの管理がしやすく、さらに特典がつくこともあります。

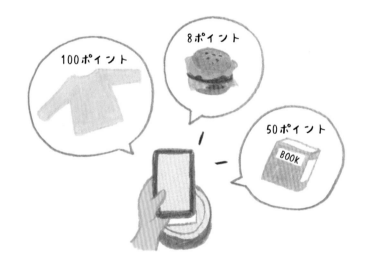

お店に行かなくても
買いものがしやすい

　いそがしいときや、お店が遠くて実際にお店に行けないときでも、インターネットなら**通信販売**でものを買うことができます。その上、キャッシュレス決済なら、現金を用意したり、ふりこんだりしなくてすむので時間や手間がかかりません。

紙のチケットなしで便利

便利

- 紙のチケットなしで、乗りものに乗ったり
- 映画を見たりできる

新幹線や飛行機のチケットや、映画やライブのチケットを買うときも、インターネットを使ってキャッシュレス決済できます。その場合はクレジットカードやスマートフォンがチケット代わりになることもあります。駅や映画館などのチケット売り場で並ぶ時間が節約でき、紙も使わないため、環境にもやさしいです。

VS.

お金の管理が便利

- 何に使ったか記録が残り、管理しやすい

現金払いの場合、使った金額を毎回おこづかい帳や家計簿に書きこまないと、自分がお金を何にいくら使い、いくら残っているのかわかりません。キャッシュレス決済なら、すべて記録が残るため、お金の管理が簡単です。

ノート

〇〇駅→〇〇駅

チョコレート

便利

VS.

● ATM（現金自動預け払い機）に並ぶ手間がなくなる

現金を銀行口座から引き出すには、銀行の窓口やATMなどに行く必要があります。しかしキャッシュレス決済にすれば、現金を引き出す手間がいりません。またATMからお金を引き出すには、手数料が必要な場合もありますが、そのお金もかかりません。

● 銀行に行かなくても24時間お金を送れる

パソコンやスマートフォンを使い、インターネット上で銀行口座の残高を確認したり、お金を送ったりできる、**インターネットバンキング**というサービスがあります。銀行の窓口やATM（現金自動預け払い機）に行く必要がなく、24時間好きなときにサービスを受けることができます。

🐷 お金をつくったり、運んだりする費用を減らせる

お札や硬貨をつくるのにもお金がかかります。たとえば、1円玉や5円玉はつくるほど赤字になるといわれています。また、お金を現金輸送車で銀行に運ぶのにもお金がかかります。

キャッシュレス決済が進めば、お金をたくさんつくらなくてよいので、こうした費用も少なくなります。お店や銀行の窓口に現金が置かれなくなると、強盗事件が起きにくくなるよさもあります。

💬 キャッシュレス決済によってこれからさらに変わりそうなことはなんだろう。

● 情報が集めやすくなり、
● 商品がよく売れる

　キャッシュレス決済は、お店にもいいことが
あります。どんな人が、いつ、何を買ったのか
という情報がたくさん集まることです。集まっ
た情報を読み解いていくと「とくに寒い冬の夕
方には、おでんがよく売れる」などといったこ
とがわかります。すると、いつどんな商品をど
のくらいお店に並べ、どんな年齢や仕事の人に
宣伝すれば売り上げがのびるのか、などといっ
た予想がつきやすくなります。

● お金をやり取りしないから
● レジに人がいらない

　キャッシュレス決済がさらに進むと、レジに
人がいらなくなると考えられます。JR 東日本
の高輪ゲートウェイ駅にある「TOUCH TO
GO」は、レジに人がいない未来型のコンビニ
エンスストアです。店内のカメラやセンサーが
お客さんの買った商品を判断。お客さんはレジ
のパネルに表示された代金を確認し、電子マネー
やクレジットカードをタッチして決済します。
　日本は少子高齢化が進んでいて、今後、働く
人が足りなくなるといわれています。レジの仕
事がなくなれば、その分、お店の人は「どんな
商品やサービスなら、お客さんが増えるだろう」
と考えることに集中できます。これからはコン
ビニエンスストアだけでなく、レジに人のいな
いスーパーや飲食店も増えそうです。

レジの支払いが自動に
なっているコンビニエ
ンスストア。改札口の
ような入り口から入り
ます。

お店に並んだ品物から
好きなものを選んで手
に取ります。

レジのパネルの前に立
つと、手に取った品物
の値段が画面に表示さ
れるので、カードで支
払いをします。

44

便利になったしくみを上手に利用するためには

キャッシュレス決済を上手に使うには、注意も必要です。いろいろな情報にふりまわされず、現金決済、キャッシュレス決済を自分に合ったバランスで正しく使うことが大切です。

使いすぎないように注意

クレジットカードはあとから支払いの請求がまとめてくるため、無計画にお金を使っていると、「気づいたら口座の残高がない」ということも起こります。またポイントがもらえてお得だからと、必要のないものまで買い、むだになってしまうこともあります。使ってもいい金額を最初に決め、それ以上は使わないなどのルールを決めましょう。

残高0円

買いものの記録を確認しよう

キャッシュレス決済をすると、いつ何を買ったかが記録されていて、明細書が届いたり、インターネットで明細を見たりすることができます。むだな買いものをしなかったかふり返ることができるのです。もし、「自分が買っていない」と思う買いものの記録があったら、だれかが情報をぬすんで、勝手に買いものをしている可能性があります。その場合には、クレジットカード会社のコールセンターや国民生活センターへ相談します。

ご利用明細

10.2	ティーシャツ	¥2000
10.5	ドリンクダイ	¥200
10.10	ショクパン	¥830
10.11	ショクヒン	¥2500
10.15	インショク	¥1000
10.18	ジムヨウヒン	¥876
10.18	ドリンク	¥900
10.20	コウツウヒ	¥5400
10.23	ショクヒン	¥10810
10.25	トショ	¥2000
10.31	ショクヒン	¥4400

もしものために現金も用意しておこう

キャッシュレス決済は、災害で停電したり、スマートフォンの充電が切れたりすると使えません。用心のため、現金も少しもっておくと安心です。

さくいん

あ

ＩＣチップ ・・・・・・・・・・・・・・・・・・・38
ＩＴ ・・・・・・・・・・・・・・・・・ 38,39
後払い ・・・・・・・・・・・・・・・ 34,37
市 ・・・・・・・・・・・・・・・ 9,10,11,13
伊藤博文 ・・・・・・・・・・・・・・・・・30
岩倉具視 ・・・・・・・・・・・・・・・・・30
インターネットバンキング ・・・・・ 39,43
インフレーション(インフレ) ・・・・・・・21
永楽通宝 ・・・・・・・・・・・・・・・・・・14
ATM(現金自動預け払い機)
・・・・・・・・・・・・・・・・ 35,39,43
撰銭 ・・・・・・・・・・・・・・・・・・・・15
撰銭令 ・・・・・・・・・・・・・・・・・・・15
エレクトロン貨 ・・・・・・・・・・・・・・23
円 ・・・・・・・・・・・・・・・・・・・・・18

か

開元通宝 ・・・・・・・・・・・・・・・・・10
管理通貨制度 ・・・・・・・・・・・・・・・20
寛永通宝 ・・・・・・・・・・・・・・・・・16
北里柴三郎 ・・・・・・・・・・・・・・・・30
ギフトカード ・・・・・・・・・・・・・・・34
キャッシュレス決済 ・・・・・・・・・・・・
34,36,37,38,39,40,41,42,43,44,45
QRコード ・・・・・・・・・・・・・・・・・39
金貨 ・・・・・・・・・ 14,15,16,17,18
銀貨 ・・・・・・・・・ 14,15,16,17,18
金座 ・・・・・・・・・・・・・・・・・・・16
銀座 ・・・・・・・・・・・・・・・・・・・16
金本位制 ・・・・・・・・・・・・ 18,19,20

クレジットカード
・・・・・・・・ 36,37,38,39,42,44,45
虹彩認証 ・・・・・・・・・・・・・・・・・39
交子 ・・・・・・・・・・・・・・・・・・・23
甲州金 ・・・・・・・・・・・・・・・ 14,15
交通系カード ・・・・・・・・・・・・ 35,38
国民生活センター ・・・・・・・・・・・・45
国立印刷局 ・・・・・・・・・・・・・ 26,27
子安貝(たから貝) ・・・・・・・・・・・・22

さ

三貨制度 ・・・・・・・・・・・・・・・・・16
磁気カード ・・・・・・・・・・・・・・・・38
磁気テープ ・・・・・・・・・・・・・・・・38
自給自足 ・・・・・・・・・・・・・・・ 8,9
渋沢栄一 ・・・・・・・・・・・・・・・・・30
指紋認証 ・・・・・・・・・・・・・・・・・39
聖徳太子 ・・・・・・・・・ 10,21,30
静脈認証 ・・・・・・・・・・・・・・・・・39
新円切りかえ ・・・・・・・・・・・・・・・21
新貨条例 ・・・・・・・・・・・・・・・・・18
スマートフォン ・・ 35,39,41,42,43,45
税 ・・・・・・・・・・・・・・・・・・・・11
生体認証 ・・・・・・・・・・・・・・・・・39
政府 ・・・・・・・・・・・・・・・・ 26,31
銭 ・・・・・・・・・・・・・・・・・・・・18
造幣局 ・・・・・・・・・・・・・・・・・・26
即時払い ・・・・・・・・・・・・・・ 34,36
租・庸・調 ・・・・・・・・・・・・・・・・11

た

大黒札 ・・・・・・・・・・・・・・・ 18,19

武田信玄・・・・・・・・・・・・・・・・・15

チップ・・・・・・・・・・・・・・・・・・・39

チャージ・・・・・・・・・・・・・・・・・35

通信販売・・・・・・・・・・・・・・・・・41

津田梅子・・・・・・・・・・・・・・・・・30

デビットカード・・・・・・・・・36,37,39

電子マネー・・・・・・・・・35,36,38,44

天正大判・・・・・・・・・・・・・・14,15

銅貨・・・・・・・・・・・・・・16,17,18

徳川家光・・・・・・・・・・・・・・・・・16

徳川家康・・・・・・・・・・・・・・・・・16

図書カードNEXT・・・・・・・・・・・34

豊臣秀吉・・・・・・・・・・・・・・・・・15

渡来銭・・・・・・・・・・・・・・・12,13

な

夏目漱石・・・・・・・・・・・・・・・・・30

にせ札・・・・・・・・・・・・・・・・・・・28

二宮尊徳・・・・・・・・・・・・・・・・・30

日本銀行・・・・・・・・18,19,26,27,31

日本銀行券・・・・・・・・・・・・・・・19

野口英世・・・・・・・・・・・・・・・・・30

は

バーコード・・・・・・・・・・・・・・・39

藩札・・・・・・・・・・・・・・・・・16,17

樋口一葉・・・・・・・・・・・・・・・・・30

びた銭・・・・・・・・・・・・・・・14,15

福沢諭吉・・・・・・・・・・・・・・・・・30

物品貨幣・・・・・・・・9,10,12,13,22

物々交換・・・・・・・・・・・・・・・9,13

富本銭・・・・・・・・・・・・・・・10,11

プリペイドカード・・・・・・・・・・・・・34

ま

マイクロチップ決済・・・・・・・・・・・・39

前払い・・・・・・・・・・・・・・・34,35

ら

流通系カード・・・・・・・・・・・・・・35

両替商・・・・・・・・・・・・・・・・・・・17

厘・・・・・・・・・・・・・・・・・・・・・18

わ

和同開珎・・・・・・・・・・・・・10,11

監修

キッズ・マネー・ステーション

キャッシュレス決済、スマートフォンやゲームの普及など、子どもたちの環境が目まぐるしく変化する中、2005年にものやお金の大切さを伝えるために設立された団体。全国に約300名在籍する認定講師は、自治体や学校などを中心に、お金教育やキャリア教育の授業・講演を多数行う。2020年までに1500件以上の講座実績をもつ。代表の八木陽子は、2017年度から使用されている文部科学省検定の高等学校家庭科の教科書に日本のファイナンシャルプランナーとして掲載される。
今回の書籍に携わった監修者はキッズ・マネー・ステーション認定講師の柴田千青、髙柳万里、柳原香。よりよい日本社会のために「お金とのつきあい方」を伝えるべく全力を注いでいる。
https://www.1kinsenkyouiku.com/

イラスト	メイヴ　竹永絵里
装丁・デザイン	平野晶
原稿協力	簱智優子
企画編集	若倉健亮（中央経済グループパブリッシング） 木戸紀子（シーオーツー）
校正	中央経済グループパブリッシング 小林伸子
協力	大石学（東京学芸大学名誉教授・時代考証学会会長） 小嶋圭

写真協力

イオン株式会社　株式会社名古屋交通開発機構　株式会社パスモ
国立印刷局 お札と切手の博物館　財務省ウェブサイト　JR西日本　JR東日本
株式会社セブン・カードサービス　独立行政法人国立印刷局　独立行政法人造幣局
奈良文化財研究所　日本銀行　日本銀行金融研究所貨幣博物館　楽天Edy株式会社

※「Suica」はJR東日本の登録商標です。
　「ICOCA」はJR西日本の登録商標です。
　「PASMO」は株式会社パスモの登録商標です。
　「manaca／マナカ」は株式会社エムアイシー及び株式会社名古屋交通開発機構の登録商標です。
　「nimoca」は西日本鉄道株式会社の登録商標です。
　「nanaco」は株式会社セブン・カードサービスの登録商標です。
　「QRコード」は株式会社デンソーウェーブの登録商標です。

主な参考資料

『池上彰のはじめてのお金の教科書』池上彰著（幻冬舎）
『お金のことがよくわかる事典（楽しい調べ学習シリーズ）』
岡本和久監修（PHP研究所）
『解説日本史B』（山川出版社）
『学校では教えてくれない大切なこと3 お金のこと』（旺文社）
『貨幣博物館　常設展示図録』（日本銀行金融研究所貨幣博物館）
『10歳から知っておきたいお金の心得〜大切なのは稼ぎ方・使い方・考え方』八木陽子監修（えほんの杜）
●サイト
国立印刷局
公益財団法人八十二文化財団「お金の歴史」
財務省
造幣局
日本銀行金融研究所貨幣博物館
三菱ＵＦＪ銀行貨幣資料館

もっと知りたい！ 調べたい！ お金のこと❸

お金の歴史とキャッシュレス

2021年3月25日　第1刷発行

監修者	キッズ・マネー・ステーション
発行所	株式会社中央経済グループパブリッシング 〒101-0051　東京都千代田区神田神保町1-31-2 TEL03-3293-3381　FAX03-3291-4437 https://www.chuokeizai.co.jp/
発売元	株式会社小峰書店 〒162-0066　東京都新宿区市谷台町4-15 TEL03-3357-3521　FAX03-3357-1027 https://www.komineshoten.co.jp/
印刷・製本	図書印刷株式会社

©2021 Chuokeizai Group Publishing　Printed in Japan
ISBN978-4-338-34403-6　NDC337　47P　30×22cm

乱丁・落丁本はお取り替えいたします。
本書の無断での複写（コピー）、上演、放送等の二次利用、翻案等は、著作権法上の例外を除き禁じられています。
本書の電子データ化などの無断複製は著作権法上の例外を除き禁じられています。代行業者等の第三者による本書の電子的複製も認められておりません。